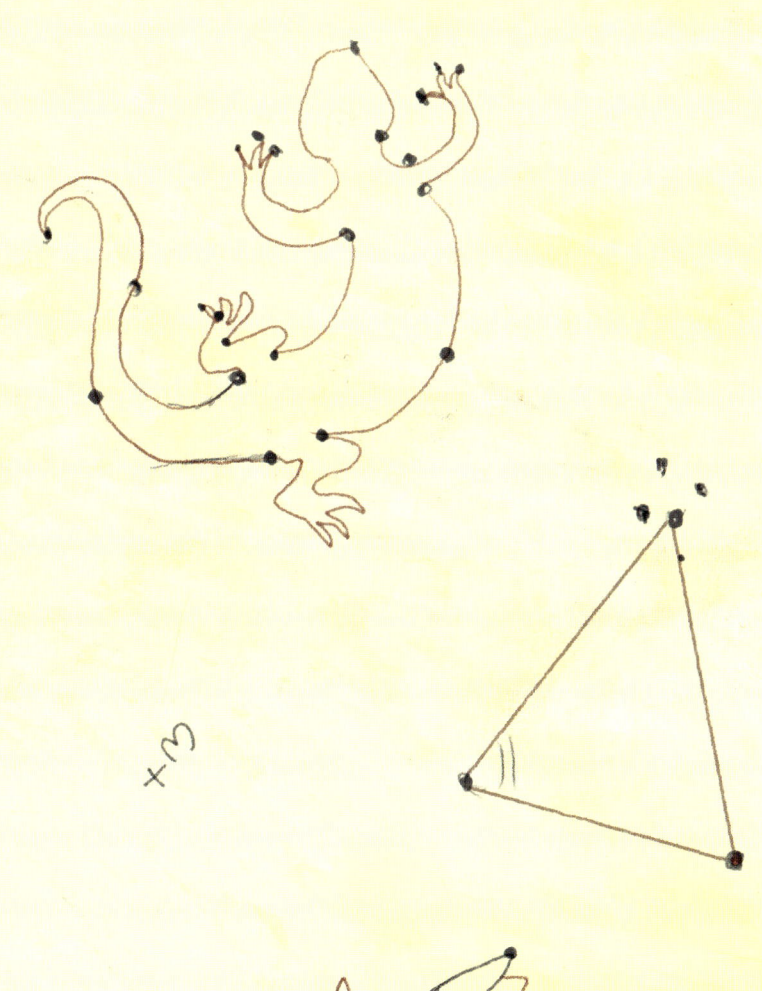
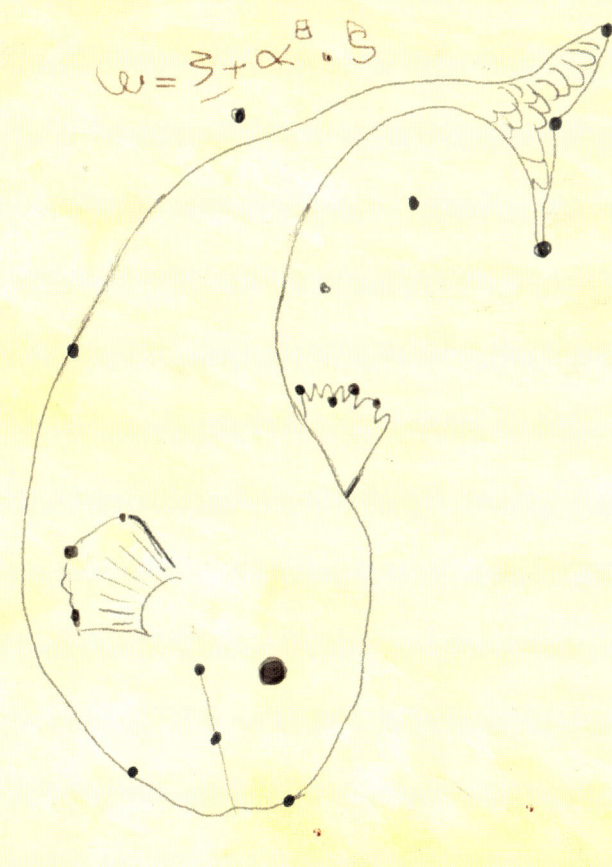

$\omega = 3 + \alpha^B \cdot \beta$

Two Planets

Originally published in Farsi under the title: دو سیاره
Text & Illustration © Massoud Gharehbaghi
Farsi edition © Fatemi Publishing Co. (TUTI Books)
Korean translation copyright © Hanulim Publishing Co., Ltd., 2024
through The ChoiceMaker Korea Co.
All rights reserved.

이 책의 한국어판 저작권은 초이스메이커코리아를 통해 저작권사와의 독점 계약으로 (주)도서출판 한울림에 있습니다.
저작권법에 의해 한국 내에서 보호를 받는 저작물이므로 무단전재와 무단복제를 금합니다.

마주한 두 행성의
별자리 지도 전쟁

마수드 가레바기 지음 라미파 옮김

한울림어린이

우주는 아주아주 넓어.
어떤 지도에도, 우리 마음속에도
담을 수 없을 만큼 끝없이 펼쳐져 있지.

우주 저 멀리 어딘가에 태양 주위를 공전하며
나란히 마주한 두 행성이 있었어.
하나는 알파 행성, 다른 하나는 오메가 행성이라고 불렸지.

알파 행성은 오메가 행성보다 조금 더 컸고,
사람들도 더 많이 살았어.

두 행성 사람들은 평화롭게 잘 지냈어.
아주 오래전에 길고 거대한 다리를 건설했고,
서로의 행성을 오가며 무역을 했지.

그러던 어느 날, 오메가 행성의 과학자가
아주 놀라운 장치를 발명했어.
아주 멀리 있는 우주의 별들까지
볼 수 있는 장치를 만든 거야.
과학자는 날마다 별들을 관찰했고,
별자리 지도를 그렸어.

이 소식은 금세 알파 행성에도 전해졌어.
알파 행성 지도자는 이 장치와 지도가 몹시 궁금했지.
그래서 당장 오메가 행성 상인에게 구해 오라고 했어.

그런데 어찌된 일일까?
알파 행성에서는 별자리 지도에 그려진 별들이 보이지 않았어.
알파 행성 사람들은 잔뜩 화가 났어.
사람들 사이에는 나쁜 소문이 퍼지기 시작했지.

알파 행성에 지도를 가져온 오메가 행성 상인은 감옥에 갇혔어.
가짜 지도를 가져온 죄였지.
알파 행성 과학자들은 '정확한' 별자리 지도를 그려서
오메가 행성에 보냈어.

오메가 행성 사람들은 몹시 화가 났어.
"우리 행성 사람을 잡아 가두다니!
알파 행성 사람들은 '엉터리' 지도를 만들어서
우리를 거짓말쟁이로 몰고 있어!"
오메가 행성 사람들은 알파 행성으로 지도를 돌려보냈어.

오메가 행성 지도자는 알파 행성 지도자에게 편지를 보냈어.

우리 오메가 행성의 지도만이 '정확한' 지도입니다.
지금 당장 감옥에 가둔 상인을 풀어주고
우리 오메가 행성 사람들에게 사과하세요.

두 행성 사람들은 서로를 헐뜯고 비웃었어.
'고집불통에 거짓말쟁이'라고 말이야.
그리고 자신들이 만든 별자리 지도만이
유일하게 '정확한' 지도라고 서로 주장했지.

결국 전쟁이 일어났어!
다리 위에서 치열한 전투가 벌어졌고,
오메가 행성 군대가 지고 말았어.

알파 행성 병사들은 곧장
오메가 행성 안으로 밀고 들어갔어.
알파 행성 지도자는 가장 먼저
과학자의 집으로 향했지.

"저놈이 그린 '엉터리' 지도 때문에
전쟁이 벌어졌다!
저놈을 평생 감옥에 가둬라!"
알파 행성 지도자는 명령했어.

하지만 과학자는 오히려 큰 소리로 외쳤어.
"나는 내가 본 그대로를 그렸소!
못 믿겠다면 오늘 밤 여기서 내가 그린 지도와
별자리를 비교해 보시오!"

밤이 되자 별들이 빛나기 시작했어.
알파 행성 사람들은 오메가 행성 과학자의 집에서 별들을 관찰했지.
놀랍게도, 오메가 행성 과학자가 그린 별자리 지도는 정확했어.
그렇다면 알파 행성의 별자리 지도가 엉터리인 걸까?

알파 행성 사람들은 장치를 자신들의 행성 쪽으로 돌렸어.
그리고 오메가 행성과 정반대 방향으로 향해 있는 알파 행성을 보았지!

마침내 알파 행성 사람들은 깨달았어.
오메가 행성 별자리 지도에 그려진 별들을
왜 알파 행성에서는 볼 수 없었는지 말이야!

알파 행성 사람들은 오메가 행성 사람들에게 사과했어.
두 행성의 과학자들은 더 완벽한 지도를 만들기 위해서
서로의 지도를 같이 놓았어.
하지만 사람들은 이미 알고 있었지.
그 어떤 지도로도 온 우주를 담을 수 없다는 사실을 말이야.

지은이 마수드 가레바기

이란에서 활동하는 그림책 작가이자 일러스트레이터입니다.
테헤란대학교 미술학부에서 그래픽 디자인을 공부했으며, 졸업 후에는 그림책 작가로 활동하고 있습니다.
몇 주 동안 작업한 그림책이 출판 직전에 취소되는 일을 겪으면서 직접 글도 쓰게 되었다고 합니다.
우리나라에 출간된 그림책으로 《고양이들의 섬》《세상의 모든 아이스크림》이 있습니다.

마주한 두 행성의 별자리 지도 전쟁

지은이 마수드 가레바기 옮긴이 라미파   펴낸이 곽미순   책임편집 윤소라   디자인 이순영

펴낸곳 ㈜도서출판 한울림   편집 윤소라 이은파 박미화   디자인 김민서 이순영   마케팅 공태훈 윤도경   경영지원 김영석
출판등록 2004년 4월 12일(제2021-000317호)   주소 서울특별시 마포구 희우정로16길 21   대표전화 02-2635-1400   팩스 02-2635-1415
블로그 blog.naver.com/hanulimkids   페이스북 www.facebook.com/hanulim   인스타그램 www.instagram.com/hanulimkids

첫판 1쇄 펴낸날 2024년 1월 30일   ISBN 979-11-6393-156-0 77890

이 책은 저작권법에 따라 보호 받는 저작물이므로, 저작자와 출판사 양측의 허락 없이는 이 책의 일부 혹은 전체를 인용하거나 옮겨 실을 수 없습니다.
*한울림어린이는 ㈜도서출판 한울림의 어린이 관련 도서 브랜드입니다.   *잘못된 책은 바꾸어 드립니다.

어린이제품안전특별법에 의한 제품 표시   제조국 대한민국   사용연령 7세 이상

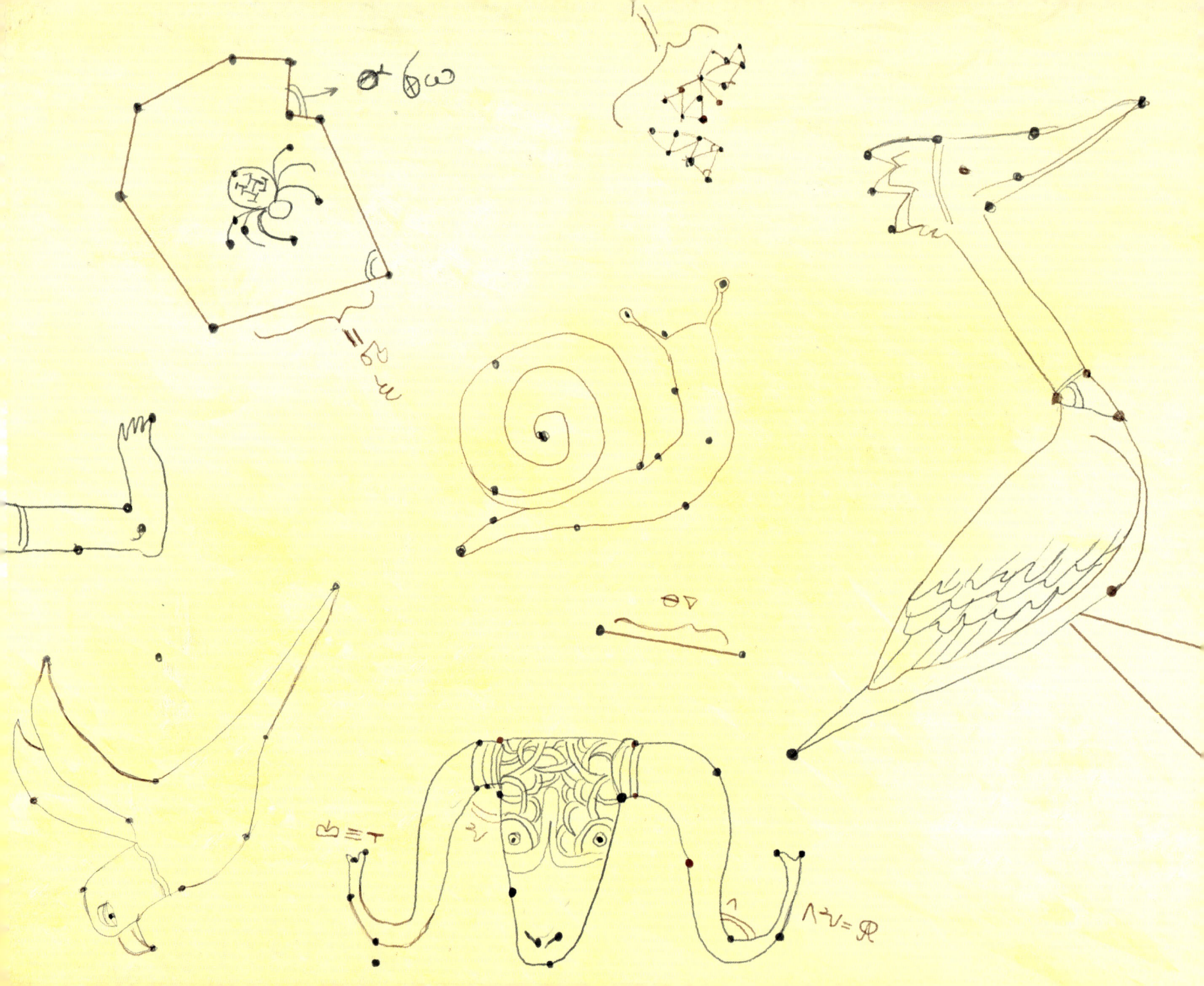